"十三五"国家重点图书项目

王邦维◎著

何芳川◎主编

中国印度文化交流史

中外文化交流史

国际文化出版公司

·北京·

图书在版编目（CIP）数据

中外文化交流史 . 中国印度文化交流史 / 何芳川主编 ; 王邦维著 . -- 北京 : 国际文化出版公司 , 2020.12

ISBN 978-7-5125-1268-9

Ⅰ . ①中… Ⅱ . ①何… ②王… Ⅲ . ①中外关系—文化交流—文化史—印度 Ⅳ . ① K203 ② K351.03

中国版本图书馆 CIP 数据核字 (2020) 第 270247 号

中外文化交流史·中国印度文化交流史

主　　编	何芳川	
作　　者	王邦维	
统筹监制	吴昌荣	
责任编辑	侯娟雅	
出版发行	国际文化出版公司	
经　　销	全国新华书店	
印　　刷	文畅阁印刷有限公司	
开　　本	710 毫米 × 1000 毫米	16 开
	6.5 印张	69 千字
版　　次	2020 年 12 月第 1 版	
	2020 年 12 月第 1 次印刷	
书　　号	ISBN 978-7-5125-1268-9	
定　　价	38.00 元	

国际文化出版公司

北京朝阳区东土城路乙 9 号　　　　　邮编：100013

总编室：（010）64271551　　　　　传真：（010）64271578

销售热线：（010）64271187

传真：（010）64271187—800

E-mail : icpc@95777.sina.net

目录
Contents

第一章　中印文化交流两千年

　　中国和印度，是今天世界上人口最多的两个国家，也是亚洲历史最悠久的两个文明古国。中印之间，地域相连，两千年来，在文化上发生过极多、极密切的联系。纵观世界历史，同样的例子没有第二个。从中国方面讲，在近代以前，中国人所了解，所接触的"域外"的国家，数量有许多，但其中最重要的，则非印度莫属。古代"域外"的文化，在近代以前，对中国人思想影响最大、最重要的，大多来自印度。这一点，大概没有人能够否认。

　　但是，中印之间最早的交往，可以具体地追溯到什么时候，却是一个问题。西汉以前，在中国方面，没有直接提到印度的资料。我们今天所知道的，是一些虽然间接，但却值得注意的证据。

　　首先是在考古方面发现的材料。近代印度考古最重要的成果之一，是在今天巴基斯坦境内印度河流域一带发现的古文明遗址，历史学上称为印度河古文明。考古学家在这里发掘出了大约公元前2000年的城市的遗址，还有许多物品，其中有不少史前时期的彩陶。同时，在中国的新疆和甘肃，考古学家也发现许多史前时期的彩陶。两个地区的彩陶，相互之间有一定的相似性。于是有人推测，在史前时期，二者之间可能有某种联系。不过，这在目前仅仅只是一种推测。二者之间究竟有没有联系，是怎样一种联系，还有待于更多的证据来加以说明。同时，我们要考虑到的还有，史前时期在今天中国新疆和甘肃地区活动的古代居民的情况，实际上与后来的情况有很大的差别。这些，都增加了这方面研究的难度。

再有的是一件与古代天文学有关的很有趣的事，这就是"二十八宿"的问题。中国古代的天文学家，把天空中沿黄道区域分布的恒星分为 28 个群落，称作"二十八宿"。无独有偶，古代印度的天文学，也有"二十八宿"。我们可以把印度和中国的二十八宿做一个对比：

中国	印度
1 角	12 citra
2 亢	13 svāti
3 氐	14 viśakha
4 房	15 anurādhā
5 心	16 jyesthfā
6 尾	17 mūlaā
7 箕	18 pūrv-sādhā
8 斗	19 uttarfi-sādhā

中国	印度
9 牛	20 abhijit
10 女	21 śravana
11 虚	22 śravrsthā
12 危	23 śatabhis aj
13 室	24 pūrva-bhadrapada
14 壁	25 uttara-bhadrapada
15 奎	26 revaī
16 娄	27 aśvanī
17 胃	28 bharanī
18 昴	1 hr ttikā
19 毕	2 rohi nī
20 觜	3 mrgaśiras
21 参	4 ārdrā
22 井	5 punarvasu
23 鬼	6 pus ya
24 柳	7 āślesā
25 星	8 maghā
26 张	9 pūrva-pāilgunī
27 翼	10 uttara-phālgunī
28 轸	11 hast

苏州文庙保存的宋代石刻天文图

　　我们看到，中国和印度的二十八宿，虽然各有名称，但二十八对二十八，总数完全一样，而且排列的次序也大致相同。无论如何，发生这种情形，不可能是一种偶合。日本学者新城新藏和中国学者竺可桢对此做过周详的研究，他们的意见基本相同，认为二者同源，源是在中国，从中国传入印度，时间大概是在周代初年。当然，这只是根据他们的研究所做的一种推测。

1963 年的竺可桢，《人民画报》1963 年第 5 期封面

再还有一些零星的材料，似乎也可以说明中印之间早期的交流。在印度古代，把中国称作 Cīna。Cīna 是一个梵语词，出现得很早，一部被认为在公元前 3 世纪就写成的著作《政事论》，书里就提到这个名字。今天绝大多数的西方语言中对中国的称呼，例如英文和德文的 China，法文的 Chine，都是从 Cīna 这个词变化而来。但是 Cīna 这个词又是从哪里来的呢？有学者主张，它是从中国古代的秦国，也就是后来秦朝的"秦"的发音转变而来。对这个问题，当然也有争论，有人有其他的解释，但其他的解释都没有这个说法更有说服力。因此，如果我们接受这个说法，我们就应该承认，在秦还是中国西部的一个小国时，印度方面就已经与中国有了某种接触。

在尼泊尔境内发现的写在贝叶经上的梵文（11 世纪）

这是在汉代以前的情形。从汉代开始，中印之间的往来，便有了明确的文字方面的记载，时代越往后，各方面的记载就越多。

下面，我们依照年代的次序对中印文化交流的历史做一个概括性的回顾。

第二章 两汉魏晋南北朝时期

首先是汉代。中国的史书中，明确提到印度的，是司马迁《史记》中的《大宛列传》。《大宛列传》里讲，在西域的大夏国（今阿富汗一带）的东南，有身毒国。中国第一次出使西域的张骞，往西最远到达大夏。张骞回到长安，向汉武帝报告：

> 臣在大夏时，见邛竹杖、蜀布。问曰："安得此？"大夏国人曰："吾贾人往市之身毒。身毒在大夏东南，可数千里。其俗土著，大与大夏同，而卑湿暑热云。其人乘象以战。其国临大水焉。"以骞度之，大夏去汉万二千里，居汉西南。今身毒又居大夏东南数千里，有蜀物，此其去蜀不远矣。①

身毒就是印度。同样的一段记载，也见于《史记》卷一一六《西南夷列传》。张骞讲到的情况，说明在汉代初年，中国和印度之间，

---

① 《史记》卷一二三，中华书局标点本，第10册，第3166页。

其实已经有一定程度的民间的商贸往来，否则中国的商品不会到达印度再流入大夏。

《史记》的《大宛列传》里讲，在张骞之后，汉武帝还派过使节出使西域各国，其中包括身毒和几个可能现今属于南亚次大陆的国家。

汉武帝画像

张骞出西域图（敦煌壁画）

敦煌莫高窟内依汉武帝拜佛像的传说而绘制的壁画

比《史记》稍晚，东汉时代的班固撰写的《汉书》，其中有《西域传》一节，其中提到"罽宾"。关于罽宾的位置，有一定的争论。但在魏晋南北朝以前，罽宾大致是指今天的克什米尔地区，则没有什么问题。历史上克什米尔属于古代印度的一部分。在这个时候，汉代的中国已经与罽宾有了联系。古印度的克什米尔地区，因为与中国的西部边境直接相连，后来与中国的关系特别密切。

班固画像

但是，总的说来，在这个时期，中印之间主动的、大规模的接触还并不太多。从中国方面讲，与印度最密切的接触，可以说是开始于佛教的传入。产生于印度的佛教传入汉地，是中印文化交流史上最重要的事件。

关于佛教的传入，历史上有过不同的传说。过去流传最为广泛的是东汉明帝的"永平求法"的故事。这个故事最早见于东汉末年的一部书《牟子理惑论》，书中讲：

> 昔孝明皇帝梦见神人，身有日光，飞在殿前，欣然悦之。明日，博问群臣："此为何神？"有通人傅毅曰："臣闻天竺有得道者，号曰佛，飞行虚空，身有日光，殆将其神也。"于是上寤，遣中郎蔡愔、羽林郎中秦景、博士弟子王遵等十八人，于大月支写佛经四十二章，藏在兰台石室第十四间。时于洛阳城西雍门外起佛寺。于其壁画千乘万骑绕塔三匝。又于南宫清凉台及开阳城门上作佛像。[①]

今天河南洛阳的白马寺，据说就是这个故事中讲的佛寺。不过，这个故事不完全可信，根据学者们研究的意见，故事在细节方面的问题太多，其中想象或增饰的痕迹太明显，同时依靠的文献自身的年代也有争议。所以，一般认为，虽然这个故事不能说没有来由，但大致是以稍晚人们对印度和印度佛教的一些初步的了解为基础而形成的。实际的情况是，在此之前，即在西汉的末年，

----

① 《大正藏》卷五二。

今天河南洛阳白马寺寺内雕刻

汉哀帝时期，佛教已经传到了汉地。《三国志》卷三〇裴松之注引鱼豢《魏略》书中的《西戎传》一节讲：

> 汉哀帝元寿元年，博士弟子景卢受大月氏王使伊存口授《浮屠经》，曰复立者，其人也。《浮屠》所载，临蒲塞、桑门、伯闻、疏问、白疏间、比丘、晨门，皆弟子号也。①

这就是有名的"伊存授经"的故事。一般认为，在各种有关佛教传入中国的传说中，这一记载最为可信。元寿元年即公元前2年。1998年，中国佛教界和学术界纪念佛教传入中国两千年，根据的就是这一记载。关于佛教是什么时候、怎样传入中国的问题，已经有很多很周详的讨论。② 不过，在今天洛阳有名的白马寺，在过去一千多年里，却一直被认为与"永平求法"的故事有关。

但是，也有人认为，如果考虑到今天成为中国领土的一部分的"西域"地区，即今天的新疆，佛教传入的时间也许还要更早一些。"伊存授经"故事所说明的，只是佛教到达当时中国的中心，即中原地区的情形。有人推想，在此之前，在今天属于中国，古代称作"西域"的一部分地区，实际上已经有佛教的存在。但这方面的资料，几乎完全是空白。因为是空白，没有明确的证据，

---

① 中华书局标点本，第3册，第859页。
② 参见汤用彤：《汉魏两晋南北朝佛教史》（中华书局，1983年版）及任继愈主编《中国佛教史》（中国社会科学出版社，1981年版）等书中有关章节。

所以也有一种意见认为，佛教先是通过来到长安及洛阳的月支使臣和移民直接传到中原地区的，而在西域地区，佛教出现的时间则要晚一些。^① 再有一种意见认为，佛教有可能最早是通过海路传入中国的。但这种说法至今还不能得到有力的证明。

从文献和考古两方面的材料看，佛教最初传到中原地区时，它只是被中国人看成是当时十分流行的种种神仙道术之一，而且是一种具有明显的外来色彩的道术。佛教的信徒，最初主要是来到洛阳的外国人，但其中无疑也有中国人，只是这些中国的信徒当时还很难说对佛教有多少真正的了解。^② 随着时间的推移，人们对佛教的了解和理解渐渐增加，接受或部分接受佛教的人也渐渐多了起来。

佛教重视经典的传承。佛教在两汉之际传入之时，鱼豢《魏略》中《西戎传》一节讲"伊存授经"，所传授的就是口传的经典《浮屠经》。"浮屠"即"佛陀"的另一个翻译的形式，《浮屠经》的意思其实就是"佛经"。虽然我们不太清楚这个时候讲到的《浮屠经》究竟包括哪些内容，但可以肯定的是，其中

① 类似的意见可以参考马雍、孙毓棠：《匈奴和汉控制下的西域》，载雅·哈尔马塔主编《中亚文明史》第 2 卷，中国对外翻译出版公司·联合国教科文组织 2002 年版第 181 页；E.Zücher（许理和），*Han Buddhism and the Wetern Region*，载 *Thought and Law in Qin and Han China*，ed. by W.L. Idema and E.Zürcher，Leiden：E.J. Brill，1990，pp.158～182。
② 后赵王度讲汉魏时"汉人皆不得出家"的说法不可信。汉哀帝时博士弟子景卢受大月氏王使伊存口授《浮屠经》，就可以看成是汉地最早的佛教徒。汉末的严浮调出家，有明确的记载。只是当时的中国佛教徒对佛教的理解比较肤浅，信仰也不十分严格。这在佛教传入的初期并不奇怪。王度说法见《高僧传》卷九《佛图澄传》，《大正藏》卷五〇。

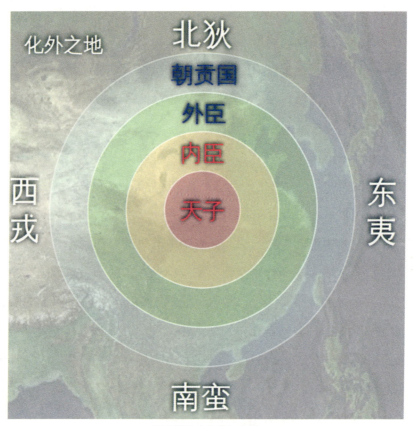

以中国为中心的四夷图

讲到的应该是佛教的一些最基本的教义。在佛教才刚刚传到中国之时，佛教经典以这样宽泛而简单的名称为中国人所知，完全可以理解。

在佛教传入的初期，为了在中国站住脚，佛教自身也适应中国的特点，在一些方面做了调整。例如佛教在传教的初期，使用了许多当时流行的道家的词汇来翻译自己的经典。在一般人的心目中，佛教也往往被认为是神仙道术的一种。不过，随着佛教在中国进一步的发展，佛教也就不再依附或渲染神仙道术一类的东西，自身的特性便渐渐地凸现出来。

在适应中国文化环境的同时，佛教一经传入中国，也就开始对中国的文化乃至社会生活产生影响。这种影响，包括多个方面，到后来越来越大，也越来越广泛。

佛教对中国产生影响的，首先是中国人的思想观念。一般来说，中国人重实际而较少空想，宗教因此在中国一直缺乏强有力的刺激，发展的形态比较原始，理论也很简单。但在佛教的刺激下，中国人原来一些比较淡薄的宗教观念，在一定程度上被激发了出来。一些过去没有或过去虽有一点但很模糊的概念，例如完整周详的地狱的概念，人生轮回的概念，都由佛教带到了中国，逐渐影响到普通中国人的信仰。

佛教的宗教哲学理论，非常精巧，很多东西中国人可以说是闻所未闻。佛教的一些学说，例如大乘一派的般若学说，就在一个更高的层面，为中国哲学理论的发展提供了崭新的思想资源。

与佛教传入有密切关系的，是佛经的翻译。大规模翻译佛经的活动开始于东汉末年。与此有关的主要是东汉末年来到洛阳的两位外国僧人安世高和支娄迦谶。他们中一位来自安息，一位来自大月氏，他们虽然不是印度人，但是安息的东部和大月氏地区在当时都深深受到印度文化和宗教的影响，他们翻译的佛教经典，大多是从印度传到这一地区，再由他们带到了汉地，因此仍然可以说是印度的经典。在他们之后，逐渐就有更多的外国包括印度的僧人来到中国，在中国人的帮助下，翻译出大量的佛经。这些译为汉语的佛经为佛教的进一步传播提供了有力的支持，也成为中印文化交流的一部分重要内容和手段。

在魏晋南北朝时期，翻译佛经最杰出的人物，首推鸠摩罗什。

鸠摩罗什，梵文的名字是 Kumārajīva。关于他准确的生卒年代，各种记载不一。其中比较可靠的一种说法是他去世于后秦弘始十五年（413），去世时 70 岁。照此推算，他的生年应该是在东晋建元元年（343）。他的父亲是印度人，因为不愿在本国做官，便东渡葱岭，来到当时地处西域的龟兹国（今新疆库车）。他的母亲是龟兹国王的妹妹。因此他可以说是印度移民的后代，也可以说是属于中国古代少数民族。

鸠摩罗什出生的时候，佛教传入中国汉地已经有三四百年，也早已传入西域地区。佛教在西域流行最盛的有两个地方，一个地方是位于古代丝绸之路"南道"上的于阗（今新疆和田），一个就是在丝绸之路"北道"上的龟兹。

敦煌莫高窟的于阗国王李圣天壁画像

鸠摩罗什的母亲是一位虔诚的佛教徒。生下鸠摩罗什后，她就正式出家，鸠摩罗什也随母亲一起出家。母亲是鸠摩罗什在佛教方面最早的启蒙老师和引路人。鸠摩罗什自幼天资极高，非常聪慧机敏。出家以后，老师教他诵经，他能"日诵千偈"。9岁时，他随母亲游历印度，到了罽宾，后来又到了沙勒（今新疆疏勒）。他在这些地方学习佛教经典，很快就掌握了这些经典，受到当地国王和僧人们的敬重。鸠摩罗什的家乡龟兹本来流行的是小乘佛教，他一开始也是学习的小乘佛教。他在沙勒遇见一位从莎车（今新疆沙车）来的大乘僧人，向他宣传大乘的教义，他开始时有些怀疑，可是后来却完全接受，成为一位大乘僧人。这是鸠摩罗什在宗教思想上的一个重要的转变。在这以后，他又随母亲到了龟兹西边的温宿（今新疆阿克苏）。在温宿，他与一位外道辩论，结果大获全胜。龟兹国王亲自来到温宿，把鸠摩罗什和他母亲迎请回国。回到龟兹后，他时常讲经说法，宣传大乘教义，此时他的年龄还不到20岁，可是名声不仅已经传遍了西域各国，而且也传到了长安。

前秦建元十八年（382），占据长安而称帝的符坚派遣将军吕光征讨西域。临行之前，符坚特地嘱咐吕光，在攻下龟兹后，要立即把鸠摩罗什送到长安。吕光率军很快就攻下了龟兹，然后把鸠摩罗什带回到凉州（今甘肃武威）。可是，这时符坚已死，前秦被后秦所代替，吕光便在凉州割据称王，建立了后凉政权。鸠摩罗什只好滞留在后凉。后秦的皇帝姚苌也听说了鸠摩罗什之名，要请他去长安，后凉却不放。直到后秦弘始三年（401），接替姚茬的姚兴按照当年苻坚的办法，派军队打败后凉，把鸠摩罗什迎请到了长安。

在十六国时期的北方地区，后秦是国力比较强盛的王朝之一，统治者大力提倡和扶持佛教。姚兴把鸠摩罗什迎入长安，待以国师之礼，请他译经说法，自己也经常亲自前往听讲。姚兴以皇帝的身份，为鸠摩罗什的译场提供大量的支持，有时甚至亲自参与译经。姚兴如此，文武百官莫不钦附，一时佛教在北方盛况空前。

鸠摩罗什在长安前后一共住了11年多，共翻译出佛经35部294卷。此前译出的佛经，数量虽然已经不少，但在翻译的质量上问题很多。鸠摩罗什在凉州生活了16年，能够比较熟练地掌握汉语，对汉族的文化传统也有较深的了解。他在长安译经时，常常是"手执胡本，口宣秦言，两释异音，交辩文旨"。他重新审定过去的译家所用的一些译名和词语，在翻译中注意文质结合，译出的佛经在内容的表达和词语的应用等方面都达到了前所未有的水平。

鸠摩罗什的译经和讲学活动，促进了中国佛教史上各种学派和宗派的形成。他重新译出的大小品《般若经》以及《大智度论》，译语流畅，推动了当时大乘佛经般若学说的传播。这种学说后来还成为中国佛教各个宗派用来建立宗教理论体系的重要思想资料。他译出印度大乘佛教中观学派的三部经典——《中论》《十二门论》和《百论》，系统地介绍了这一派的学说，南北朝时中国佛教的一个学派就以此立宗，称作"三论宗"。同样，"成实宗"

是以他译出的《成实论》立宗而得名。由他翻译的《妙法莲花经》是隋唐时兴起的天台宗的基本经典。另一个在中国历史上很有影响的佛教宗派净土宗所依据的经典《净土三经》中的《阿弥陀经》也是鸠摩罗什翻译的。《弥勒成佛经》和《弥勒下生经》是后来民间弥勒信仰的经典。他还翻译过《维摩诘经》，在当时和后来的文人学士中影响很大。至于他参与翻译的《十诵律》，则是汉地第一次完整译出的佛教戒律。

鸠摩罗什译版《佛说阿弥陀经》

鸠摩罗什译日语版《般若经》经文

鸠摩罗什在长安译经时，实际上是一边翻译，一边讲学。他的弟子多至数千人，其中很多成为杰出的佛教学者。例如竺道生、僧肇、道融、僧叡，后来被称为"什门四圣"。历史上还有"什门八俊""什门十哲"的说法，都是指鸠摩罗什门下的一些很有成就的佛教僧人。这些弟子既帮助译经，又受学于鸠摩罗什，后来分布各地，对南北朝时期佛教的发展起了重要的作用。

魏晋南北朝时期，在佛经翻译方面，除了鸠摩罗什，做出了贡献的佛教僧人还有许多。其中贡献较大，应该提到的是西晋时期的竺法护和北凉时代的昙无谶。竺法护，敦煌人，祖籍大月氏。他幼年出家，师傅是"外国沙门竺高座"，因此以"竺"为姓。他曾经随师傅游历西域各国，因此通解"西域三十六国"的语言。晋武帝泰始二年（266）至愍帝建兴元年（313），他先后在敦煌、长安和洛阳译出一百多部重要的佛教经典，如《光赞般若经》《正法华经》等。昙无谶则来自中印度。他从西域的罽宾到达龟兹，然后到了敦煌。北凉国王沮渠蒙逊把他迎接到姑臧（即凉州）。北凉玄始十年（421）前后，他在姑臧译出《大般涅槃经》《大集经》《大云经》《悲华经》《金光明经》等一批经典。这些经典对中国佛教后来的发展都产生过重要的影响。昙无谶据说还善方术，这引起了北魏太武帝的兴趣。北凉义和三年（433），太武帝因此遣人迎请昙无谶，沮渠蒙逊不愿意把他交给北魏，最后派人杀死了他。

通过翻译的佛经和佛经的宣传，印度的一些新奇的观念往往在有形或无形之间渗入到中国思想文化的各个方面，这样的例子甚至可以在中国的正史中也能找到。例如南北朝时期的几种正史,《三国志》里讲,先主刘备垂手下膝,自己能看见自己的耳朵;《晋书》里讲晋武帝的手也是垂到膝盖以下。《陈书》里讲陈高祖、陈宣帝都是如此。《魏书》讲魏太祖广颡大耳,《北齐书》讲齐武帝长头高颧,齿白如玉,如此等等。这些神奇的不正常的生理现象,此前在中国的史书里没有见到过。而佛经里讲到释迦牟尼,总要渲染释迦牟尼如何功德具足,具有三十二大人相和八十种好,这些"相"和"好",就包括耳朵大、头发长、垂手过膝、牙齿白这样的内容。前者显然是受到后者的影响。①

在中国历史上,南北朝是文学形式发生转折的一个时期,人们尝试各种新的文学体裁来进行创作。佛教的传入,佛经的宣传和流行,佛教徒所编撰的释氏辅教之书,也给这个时期的文学创作以全新的刺激。这时出现的许多鬼神志怪小说,从形式到内容,都往往吸收佛经中的寓言、神话或者故事,加以改造,使之成为中国故事。梁代吴均《续齐谐记》中讲到的"阳羡鹅笼"故事就是一个例子。故事讲:

> 阳羡许彦,于绥安山行,遇一书生,年十七八,卧路侧,云脚痛,求寄鹅笼中。彦以为戏言。书生便入笼,笼亦不更广,书生亦不更小,宛然与双鹅并坐,鹅亦不惊。彦负笼而去,都不觉重。前行息树下,书生乃出笼,谓

---

① 参见季羡林:《三国两晋南北朝正史与印度传说》,《印度古代语言论集》,中国社会科学出版社,1982 年版第 385 ~ 391 页。

彦曰："欲为君薄设。"彦曰："善。"乃口中吐出一铜奁子,奁子中具诸肴馔,珍馐方丈。其器皿皆铜物,气味香旨,世所罕见。酒数行,谓彦曰:"向将一妇人自随,今欲暂邀之。"彦曰:"善。"又于口中吐一女子,年可十五六,衣服绮丽,容貌殊绝,共坐宴。

俄而书生醉卧,此女谓彦曰:"虽与书生结妻,而实怀怨。向亦窃得一男子同行,书生既眠,暂唤之,君幸勿言。"彦曰:"善。"女子于口中吐出一男子,年可二十三四,亦颖悟可爱,乃与彦叙寒温。书生卧欲觉,女子口吐一锦行障,遮书生。书生乃留女子共卧。

男子谓彦曰:"此女子虽有心,情亦不甚,向复窃得一女人同行,今欲暂见之,愿君勿泄。"彦曰:"善。"男子又于口中吐一妇人,年可二十许,共酌,戏谈甚久。闻书生动声,男子曰:"二人眠已觉。"因取所吐女人,还内口中。须臾,书生处女乃出,谓彦曰:"书生欲起。"乃吞向男子,独对彦坐。然后书生起,谓彦曰:"暂眠遂久,君独坐,当悒悒邪?日又晚,当与君别。"遂吞其女子、诸器皿悉纳口中。[①]

这个故事显然是传为三国吴康僧会翻译的《杂譬喻经》卷上"壶中人"故事的翻版:

昔有国王持妇女急。正夫人谓太子:"我为汝母,

---

① 《说郛三种》第 8 册,上海古籍出版社,1988 年版第 5298 页。

生不见国中，欲一出。汝可白王。"如是至三。太子白
王，王则听。太子自为御，车出，群臣于道路奉迎为拜。
夫人出其手开帐，令人得见之。太子见女人而如是，
便诈腹痛而还。夫人言："我无相甚矣。"太子自念：
"我母当如此，何况余乎！"夜便委国去，入山中游观。
时道边有树，下有好泉水。太子上树，逢见梵志，独行
来入水池浴。出饭食，作术，吐出一壶。壶中有女人，
与于屏处作家室。梵志遂得卧，女人则复作术，吐出一
壶。壶中有年少男子，复与共卧，已便吞壶。须臾梵志起，
复内妇着壶中。吞之已，作杖而去。①

佛教传来的初期，主要是中亚和印度的僧人来到中国，宣传
佛教。从三国时代魏国的朱士行开始，中国的佛教徒就计划到西
域去学习和求取佛法。朱士行只是走到和阗。到了东晋末年，求
法的中国僧人第一次到达了印度本土，其中最著名的是法显和他
的同伴。

法显本姓龚，东晋时平阳郡（治所在今山西临汾市尧都区西
南）人。他大约出生于东晋咸康八年（342）。法显幼年出家，20
岁受大戒。在法显出家的时候，佛教的戒律传到中国的，还很不
完整。佛教的经典，分为经、律、论三大类。在法显的时代，经
一类的经典已经翻译出不少，但律和论还翻译得不多。而对于佛
教僧团的建设而言，律是至关重要的文献。法显自己，有一部最

---

① 《大正藏》卷四。

法显传宋刻本之首页

重要的著作，后世称作《法显传》，开篇的第一句话就讲：

> 法显昔在长安，慨律藏残缺，于是遂以弘始元年，
> 岁在己亥，与慧景、道整、慧应、慧嵬等同契，至天竺
> 寻求戒律。[①]

因此，法显去印度的目的很明确，是寻找佛教的戒律。弘始
元年即东晋隆安三年，也就是公元 399 年，这一年，法显大约已
经 58 岁，他与同伴一行五人从长安出发。第二年，到达河西走廊

---

① 章巽：《法显传校注》，上海古籍出版社，1985 年版第 2 页。

的张掖，这时又有五位僧人加入他们的队伍。大家前行至敦煌，从敦煌进入"沙河"地区，也就是今天著名的白龙堆大沙漠。至此，他们真正艰苦的行程才算开始。路途中上无飞鸟，下无走兽，唯以死人枯骨为标识。他们舍生忘死，冒险前行，到达了鄯善国（今新疆若羌附近）。接着，又到达焉夷国（今新疆焉耆）。

敦煌的公路

从焉耆往西南，他们沿着和田河河谷，直接跨越塔克拉玛干沙漠，到达于阗国。于阗当时是西域佛教的一大中心，法显他们在这里停留了三个月，观看了当地规模盛大的佛教"行像"仪式。

隆安五年（401）的秋天，法显一行到达葱岭，也就是今天的帕米尔高原。他们翻越终年冰雪覆盖的葱岭，终于进入北印度的

行进在塔克拉马干沙漠里

境内，然后沿着古代新头河即今印度河上游两岸在峭壁中开凿的栈道向西南行进，第二年夏天到达了北印度的陀历和乌苌国（今巴基斯坦境内）。

法显一行，在北印度参观了各处佛教圣迹。在弗楼沙国（今巴基斯坦白沙瓦），同伴中有一人不幸病死，有三人返回了中国，后来又有一人冻累而死。东晋元兴二年（403），到达中印度时，只剩下法显和另一位同伴道整了。

中印度正是当年释迦牟尼创立和传播佛教的地方，佛教圣址很多，当时仍然是印度佛教的中心。法显和道整游历参观了印度的各个国家，遍访各处佛教寺庙和圣址，先后到了释迦牟尼当年常住的舍卫城（在今印度北方邦境内）、成道处的伽耶城（今印度比哈尔邦境内）以及释迦牟尼诞生地迦毗罗卫城（在今印度北方邦境内靠近尼泊尔边境处）、涅槃的地方拘夷那竭城（在今印度北方邦境内）。在摩揭陀国的巴连弗邑（今印度比哈尔邦巴特那），法显终于寻得了他所要找的佛教戒律。除了在一座大乘寺庙里得到一部《摩诃僧祇律》外，他又得到一部《萨婆多众律》，还有其他一些佛经。这里和北印度不一样，北印度的僧人所有的经典都是口口相传，无本可写，而这里却有本可抄。于是法显在巴连弗邑住了三年，学习和抄写佛经。工作完成后，道整想永远留在印度，法显只好一人离开巴连弗邑。

释迦牟尼出生地尼泊尔蓝毗尼

释迦牟尼佛悟道之地印度菩提伽耶

法显向东来到东印度的多摩梨帝国（在今印度西孟加拉邦境内），这是海边的一个港口城市，佛教也很盛行。为了抄写佛经和画佛像，他又在这里住了两年。到东晋义熙五年（409）初冬，他搭乘商船，到达了狮子国（今斯里兰卡）。狮子国是一个佛教国家。法显在这里观看了盛大热烈的供养佛齿的大游行。他在此也住了两年，又找到一些当时中国还没有的经和律。此时法显离开中国已经十年，乡愁难禁。一次，他在寺庙里看见一位商人用一把绢扇供养，他认出这是中国出产的东西，不觉潸然泪下。

义熙七年（411）八月，法显终于再次搭上商船，踏上了归程。商船向东行驶了刚两天，就遇上大风，船只漏水，非常危险，漂流了90天后，到达一个叫作耶婆提的国家，估计在今天印度尼西亚苏门答腊岛或者爪哇岛上。法显在此又停留了五个月，直至第二年的四月才搭乘商船，向广州进发。可是，船开出一个月后，遇上连日阴天，黑风暴雨，巨浪滔天，迷失了方向。船只随风漂流，数十天后到达一处陆地，登陆一问，才知道已经是中国青州长广郡的牢山（今山东崂山）。这时已经是义熙八年（412）的秋天，法显已经是七十余岁的老人了。

法显回国后，立即着手翻译佛经。他先到建康，住在建康道场寺里，后来又转到江陵（今湖北荆州）辛寺。他与一位印度僧人佛陀跋陀罗合作，翻译出他从印度带回的《摩诃僧祇律》及其他一些佛经。他可能活到了刘宋景平元年（423），在82岁的高龄上去世。在他返国后短短十余年间，共翻译了6部佛经，计63卷。从他的年龄来说，这是很了不起的成绩。

在法显翻译的经典中，还有一部《方等泥洹经》。这是相当重要的佛教经典。泥洹就是涅槃。晋末宋初，继与魏晋玄学相结合的般若学以后，涅槃佛性的学说大兴，宣扬"一切众生皆有佛性"的理论。这在当时无论对上层社会还是对一般群众都很有吸引力。后来，中国佛教还因此出现了一个专门的学派，《方等泥洹经》便是这个学派依据的经典之一。法显带回而未来得及翻译的一些经典，身后也由其他的外国僧人与中国僧人一起译成了中文。法显根据自己到印度求法的经历写成的《法显传》，详细记载了他的所见所闻，成为今天研究我国西域地区和中亚、南亚各国古代历史，以及东西方交通史、佛教史不可缺少的文献。

关于法显的生平，相关的资料还可以参考《出三藏记集》和《高僧传》中他的传记。与法显同时或在法显的前后到印度求法的，还有一些中国僧人。其中一些，而后回到中国译经，他们中有名的有智猛和宝云。

从南北朝时期到隋代，佛教在中国得到极大的发展。上至王公贵族，下至平民百姓，大部分人都程度不同地对佛教有所信仰。全中国到处都有佛寺，塑造佛像成为风气，佛塔林立。这时的佛教，即使不能说在意识形态上占了统治地位，但至少已经彻底地融入了中国文化，成为中国思想文化的一部分，并发生了重要的影响。

第三章

唐宋元时期

　　隋代的时间很短，其后的唐代是中国历史上的盛世。在唐代，中印之间有了更密切的联系，形成一个新的高潮。唐代初年僧人玄奘到印度求法，是这一时期中印文化交流中发生的第一件大事。

　　玄奘本姓陈，名祎。他出生于隋代洛州缑氏县（今河南偃师市缑氏镇）。玄奘出生的年代，史书中没有明确的记载。学者们根据各种材料推断，得到的结果不一。比较被人接受的一种说法是在隋文帝开皇二十年（600）。"玄奘"是他出家做和尚后取的法名。因为他是唐朝人，所以人们又把他称作唐玄奘。在普通老百姓中，往往干脆把他称作唐僧。

　　玄奘的祖上，在北朝时做过官。他的父亲，也还做过隋朝的江陵县令，不过在隋朝末年因为政治败坏，就弃官回到家乡。隋唐时代，佛教在社会上有很大影响，玄奘的全家都信仰佛教。缑氏县离洛阳不远，洛阳有许多著名的佛教寺庙。玄奘的二哥，名叫长捷，就在洛阳的净土寺出家。玄奘10岁那年，父亲去世。第二年，他二哥就把他带到洛阳，教诵佛经。13岁那年，朝廷派了官员，选拔品学兼优者出家。玄奘当时虽然年龄不够，但因为

位于西安大雁塔前的玄奘雕像

特别聪明，应答得体，被破格录取。他出家以后，更加努力学习佛教的教义，进步很快。可是，就在玄奘出家的头一年，隋末的农民大起义爆发，几年之间，天下大乱。洛阳一带，正处在战乱的中心。于是玄奘和他的二哥离开洛阳，来到长安，再从长安到了四川的成都。当时战争还没有波及四川。玄奘在四川住了几年，深入地学习了许多重要的佛教经典。然后他坐船东行，先后到了荆州、相州、赵州等地，最后还回到长安。玄奘每到一处，总是访求名师益友，切磋学问。他既虚心向人学习，又注意融会贯通各家之说，有自己的见解。由于学习成绩优异，对佛教教义有敏锐透彻的理解，他这时在长安被人称为佛门的"千里驹"。

可是，这一切并没有使玄奘感到满足。他的学问越广博，疑问也越多。他觉得，自己在佛学理论上仍然有些问题不清楚。他到处求教，可是始终得不到满意的答案。玄奘想，要解决这些问题，只有一个办法，到佛教的发源地——印度去，寻找经典，学习佛教，也就是当时人们说的到"西天"去求法。

但是，要到印度去，在那时谈何容易！中印之间相距遥远，如果从陆路走，虽然有现在称作"丝绸之路"的商路相通，可是路途十分艰险。而且，当时唐王朝中央政府刚建立不久，国内的形势还不稳定，北方和西北方的东西两部突厥与唐王朝对峙，因此政府严禁一般人"出蕃"，也就是出国。玄奘约了几个伙伴，向朝廷上表申请，可是没有被批准。玄奘只好等待机会。

唐太宗贞观元年（627 年，也有一种说法是贞观三年，即

629 年）的秋天，长安一带庄稼歉收，官府同意老百姓离开长安，随丰就食。玄奘利用这个机会，混入饥民的队伍，出了长安城，开始了他的万里之行。

从长安出发，玄奘往西经过秦州（今甘肃天水）、兰州，到达凉州。凉州都督李大亮听说他要出国，命令他立即返回长安。幸亏当地有位慧威法师同情玄奘，悄悄叫两个徒弟把他送到瓜州（今安西）。这时，凉州方面不让玄奘出关，要求抓捕他的公文也到了瓜州。又幸亏瓜州的刺史和州吏也同情玄奘，不仅没有抓捕他，还嘱咐他早日继续往西去。

瓜州当时是从河西通往西域的门户之一。从瓜州往西，在当时就算出了国境。但往前的路不仅更难走，而且非常危险。玄奘决定，从当时通西域的"北道"往西行。这条路，要先从瓜州北面通过玉门关，关外有五座烽火台，每座烽火台相距百里，中途没有水草。五座烽火台之外，是"八百里沙河"的大沙漠，人称"莫贺延碛"。沙漠中"上无飞鸟，下无走兽"，狂风时起，沙尘蔽天，白天酷热似火，夜晚又寒冷彻骨。但是，这些都没有吓倒玄奘。他找到一位胡人，也就是当地的一位少数民族，做向导，带上一匹老瘦马，在一个夜晚，偷偷越过关口。可是，刚走了一段，这位胡人便不愿再往前走，玄奘只好独自一个人继续向前。他过了第四个烽火台，又走了一百来里地，便迷了路。更糟糕的是，他不小心，又把随身带的水袋打翻了。没有了水，在沙漠里，生命会有危险。玄奘想回到第四烽火台，装上水，再往西行。他回头走了十来里，可是又想："我先前发过誓，不到印度，绝不东归一步。现在为什么往回走？我宁可往西去死，也绝不往东而生！"
于是还是转过头来，向西北方向行进。他在沙漠中，四天五夜没
有喝一滴水，已经到了死亡的边缘。最后，他精疲力竭，只能躺
卧在沙漠中，默念观世音菩萨的名字和《般若心经》。到第五天
的半夜，处在昏迷之中的玄奘被一阵凉风吹醒。这时马也站了起
来。人和马又勉强往前行。突然，马不顾一切地向前跑，原来马
凭着嗅觉，在沙漠中发现了一处长满青草的水池。玄奘跟在后面，
人和马终于得救。

　　走出莫贺延碛，玄奘到了伊吾（今新疆的哈密），然后到了
高昌（今吐鲁番）。当时高昌是一个独立的王国，国王名叫麴文
泰。麴文泰信仰佛教，他热情地接待了玄奘。可是也许就因为他
太敬佩玄奘了，文泰又有心把玄奘留在高昌。玄奘当然不答应。
麴文泰不放玄奘走。玄奘只好绝食。一连两天，玄奘不吃不喝，
也不说话，只是端端正正地坐着。最后，麴文泰被感动了，他向
玄奘谢罪，还要求与玄奘结为异姓兄弟，同时要求玄奘还在高昌
住一个月，西行回返时再到高昌停留三年。这些，玄奘都答应了。
麴文泰为玄奘重新准备了行装、马匹，给沿途的国王写了信，请
求照顾玄奘，还准备了给当时称霸西域的西突厥可汗的礼物。玄
奘这才重新踏上了征途。

吐鲁番盆地

处于废墟状态的中国高昌古城

　　离开高昌，玄奘经过阿耆尼国（今新疆焉耆回族自治县西南）、
屈支国（龟兹的别称）、跋禄迦国（今新疆阿克苏），然后翻越
凌山，到达了素叶水城（在今吉尔吉斯斯坦北部的托克马克附近）。
玄奘在这儿见到了西突厥的叶护可汗。他由此继续向西行，经过
千泉（在今吉尔吉斯斯坦北部境内）和怛罗斯（今哈萨克斯坦共

兴都库什山

和国东南部的塔拉兹），再折向西南。经过赭时（今乌兹别克斯坦共和国的塔什干）、飒秣建（今乌兹别克斯坦共和国的撒马尔罕）等国，过铁门关，到达睹货罗故地（在今阿富汗北部境内）。再翻过大雪山（今兴都库什山），历尽艰辛，九死一生，这才终于到达了印度——当时所说的"西天"。

古代的印度，在地理上分为东、西、南、北、中五部，称作五印度，政治上又分为许多小国。公元前 5 世纪前后，释迦牟尼创立佛教，是在中印度的摩揭陀国（今印度比哈尔邦一带）。玄奘从北印度，先到中印度。旅行中他遇到不止一次危险。有一次，他坐船顺恒河东下，差一点被抢劫的强盗杀掉祭神。

当时，印度最大最有名的佛教寺院是那烂陀寺。那烂陀寺就在中印度的摩揭陀国，寺院规模宏大，客僧主僧据说有万人之多。玄奘西行，主要的目的之一是想找到一部叫作《瑜伽师地论》的佛经，这是印度大乘佛教瑜伽行派的一部重要经典。那烂陀寺的主持僧人名叫戒贤，在当时就最为精通这部经典。他虽然年事已高，又患有风湿病，但是仍然专门为玄奘开讲这部经典，前后历时 15 个月，同时听讲的还有数千人。玄奘先后听了三遍，同时还学习了另外一些重要的佛教经典以及其他的印度典籍。

玄奘在那烂陀寺学习了五年以后，为了更广泛地了解印度，学习佛教，又开始了他的长途旅行。他离开那烂陀寺，到东印度，再沿着印度的东海岸到南印度，再从南印度，绕行西印度，最后还回到中印度摩揭陀国的那烂陀寺。和以前一样，他每到一处，总是先瞻仰朝拜佛教圣迹，然后访求有学问的僧人或者学者，向

那烂陀寺遗址

他们学习或者跟他们讨论各种佛教理论著作。玄奘还注意观察各个国家不同的风土人情、物产气候以及地理、历史、语言、宗教的状况。他后来回国写成的《大唐西域记》一书，根据的就是他旅行的经历和见闻。

钦定四库全书

大唐西域记卷二

唐　释玄奘　译

释辩机　撰

三国

滥波国　那揭罗曷国　健馱逻国

详夫天竺之称，异议纠纷，旧云身毒，或曰贤豆，今从正音宜云印度。印度之人随地称国，殊方异俗，遥举总名，语其所美，谓之印度。印度者唐言月。月有多名，斯其一称言。诸羣生轮回不息，无明长夜莫有司晨，其犹白日既隐，宵烛斯继，虽有星光之照，岂如朗月之明？苟缘斯致，因而譬月。良以其土圣贤继轨，导凡御物，如月照临。由是义故，谓之印度。印度种姓族类群分，而婆罗门特为清贵，从其雅称，传以成俗，无云经界之别，总谓婆罗门国焉。若其封疆之域，可得而言，五印度之境，周九万余里，三垂大海，北背雪山，北广南狭，形如半月，画野区

《大唐西域记》书影

经过这一番游学，加上在那烂陀寺几年悉心的学习，玄奘不仅很好地掌握了印度佛教，包括大乘和小乘两方面的理论，而且还有自己的创见。他成了戒贤法师最好最优异的学生。戒贤法师于是让玄奘主持那烂陀寺的讲座。当时的那烂陀寺，很像是今天的一所大学，住在寺院里的，有从各国各地来的许多有学问的僧人。寺院里经常有各种讲座和辩论。玄奘的演讲，既有深刻的道理，又明白易懂，很受大家欢迎。当时印度的大乘佛教，主要分为两派，一个是中观派，一个是瑜伽行派。两派之间，争论很厉害。玄奘认为，两派的理论，虽然有不同，但在某些地方可以融合。于是他用印度的古语言梵文，写成一部著作《会宗论》，提出了他自己的这一观点。戒贤法师和其他僧人读了都非常赞叹。那烂陀当时有 10 位最精通佛教三藏的大德，玄奘是其中之一。所以玄奘后来被称为唐三藏，或者三藏法师。南印度有一位小乘僧人，写了一部《破大乘论》，批评大乘，玄奘又针锋相对地写了一部《破恶见论》。

玄奘博学多才的名声很快就在印度传开。当时印度最有势力的国王是羯若鞠阇国的戒日王。戒日王知道了玄奘从中国来，又博学多才，特地约见玄奘。戒日王曾经听说中国有一种乐曲叫《秦王破阵乐》。见到玄奘，他首先问起这事。玄奘向他介绍了中国的情况，宣扬唐朝的文化，中印之间一度中断的友好关系由此得到恢复。戒日王敬佩玄奘的品德学问，特地在羯若鞠阇国的都城曲女城举行大会，请玄奘做"论主"。又邀请了印度的二十几位国王、四千多位佛教僧人还有两千多位其他教派的信徒参加。玄奘在会上宣读的论文，据说 18 天内没有一个人能够出来反驳。大乘的僧人因此给玄奘加了一个美名，叫"大乘天"，小乘的僧人也给玄奘加了一个美名，叫"解脱天"。"天"在印度语言中本来的意思是"神"，用来称呼人，是表示极端尊敬和崇仰。当时中国高僧玄奘的名字，远扬五印度。

戒日王亲笔签名

　　玄奘求法取经的目的已经达到，曲女城大会以后，他决定回国。他谢绝了戒日王和其他印度朋友挽留他的好意，在又参加了一次在钵罗耶伽国举行的大会以后，带着历年访求到的佛经和佛像等，仍然取道陆路，起身东归。

　　唐太宗贞观十九年（645）正月二十四日，玄奘终于回到了长安。和他十几年前偷偷出行时情形大不一样，他受到了空前的欢迎。玄奘带回的佛教经典，一共有 657 部。这些经典写在一种树叶上，称作"贝叶经"，玄奘带回的，一共 520 夹。唐太宗这时正在洛阳，立即召见了他。唐太宗详细询问了玄奘周游各国的见闻，并想让他还俗做官。玄奘婉言谢绝，表示只想翻译他从印度带回的佛经，真正实现他最初去印度求法的抱负和愿望。玄奘的话，说得很委婉，但是态度非常坚决。唐太宗最后只好答应，并且表示愿意支持他的译经大业。

玄奘回到长安，立即开始了大规模翻译佛经的工作。从他回国，到唐高宗麟德元年（664）二月去世为止，19年间，前后一共翻译出佛经75部，1335卷，大约有1300多万字。现在西安城南的大慈恩寺，就是玄奘当年译经的地方之一。寺里有名的大雁塔，是为存放玄奘带回的佛经和佛像而专门修的。作为一位佛经

大慈恩寺

的大翻译家，玄奘为后人留下的著作，不仅丰富了中国文化的宝库，也为印度保存了大量典籍。这是他对中印文化所做的一大贡献。

玄奘译经的成绩不仅反映在数量上，还表现在译文的质量上。中国从汉末时开始翻译佛经，前期的译人，绝大多数是外国来的僧人，或者以外国僧人为主译，中国人助译。外国僧人虽然通解佛经原本的语言，可是往往不大通解汉语，而助译的中国人情形则刚好相反，因此译文的质量都不高：有的过于意译，以至失去原意；有的过于直译，中国人又难以理解。玄奘在翻译工作中提出了"既须求真，又须喻俗"的原则，意思是既要忠实于原文，又要使人易于理解。由于玄奘到过印度，精通佛经的语言，又对佛教教义有很深刻的理解，其译文的质量和水平自然大大超过他以前所有的译人。当时和后来的人因此把他翻译的佛经称为"新译"，而把在他以前翻译的佛经称为"旧译"，从而把整个佛经翻译史分为两个阶段。玄奘因此也就成了一位划时代的翻译家。

玄奘不但译梵为汉，也译汉为梵。他参加过把中国道家的经典《道德经》译成梵文的工作。据说他还把一部在印度已经失传的佛教著作《大乘起信论》回译成梵文，送回印度，使其流传本土。

前面讲了，玄奘去印度，最直接的起因是想取回大乘佛教的一部重要经典《瑜伽师地论》。他在印度深入地学习和钻研了这部经典，最后带回国。回国后，玄奘不仅亲自把《瑜伽师地论》完整地翻译了出来，还大力介绍这一派的学说。他的弟子窥基由此在中国建立了一个新的佛教宗派——法相宗。法相宗的学说在唐初曾风行一时，同时还传到日本，并产生过重要的影响。

印度古代佛教的逻辑学很发达，被称作"因明"。玄奘在印度专门下工夫学过这门学问，回国后又特地翻译和传述因明学的著作。于是，在中国一时也有不少人研究因明学。这为中国哲学思想和逻辑学的发展增添了新的内容。

在玄奘自己的著作中，最有名的是《大唐西域记》。这是一部使玄奘获得世界名声的不朽著作。这部书就写成于他回国后的第二年。全书一共 12 卷，详细记载了当时称为西域的一百多个国家和地区不同的风土人情、物产、气候以及地理、历史、语言、宗教的情况，其中绝大多数是玄奘的所见所闻，是今天研究中亚和南亚古代的地理和历史不可缺少的重要资料。[1]

作为一位佛教高僧，一位大翻译家，中国人民的友好使者，玄奘为中国文化的发展，为中外，尤其是中印之间文化的交流作出了非常巨大的贡献。今天，玄奘取经的故事，不仅为中国老百姓所熟知，在印度也广为传诵。玄奘的名字，被写进了印度的教科书。在印度那烂陀寺附近，建有玄奘纪念堂。而在中国，关于

---

[1] 举例而言，自 19 世纪晚期开始，国外专门的翻译和研究《大唐西域记》的外文著作，法文的有两种，英文有两种，日文的则有五种。与它有关的其他专著和论文几不可计数。我们中国人自己对《大唐西域记》的研究，虽然起步较晚，近年来也取得了一些重要的成果，出版了一些专著。参考季羡林等：《大唐西域记校注》，中华书局，1985 年版。

玄奘和他印度求法的事迹，一千多年来，不停地被人提到。就在唐代的晚期，玄奘舍身西行求取佛法的故事，就逐渐演变成带有神异色彩的传说。故事不断扩大发展，使玄奘最后成为中国古典小说《西游记》中的主要人物之一。

在玄奘到印度求法 40 年后，又有一位中国僧人出发去了印度，这就是义净。

义净本姓张，齐州（今山东济南）人。他生于贞观九年（635），也是幼年出家。义净也是很早就萌发了到印度求法的念头。高宗咸亨二年（671）十一月，他从广州出发，搭乘商船，首先到达南海中的室利佛逝国（在今苏门答腊岛）。他在室利佛逝停留六个月，学习梵语，然后前往末罗瑜国，再到羯荼国。这年年底，再乘船西北行，在咸亨四年（673）的二月到达东印度的港口城市耽摩立底国（多摩梨帝国的别称）。他在耽摩立底国又停留了一年，第二年的五月，重新出发，往西行进，数日后到达中印度的那烂陀寺。

与玄奘一样，义净西行求法的最主要的目的，也是要在那烂陀寺留学。他在那烂陀寺前后十年，同时先后访问过中印度和东印度的一些国家，参拜佛教圣址。垂拱元年（685），义净带着他在印度寻获的梵文佛教经典以及佛像和佛舍利，离开那烂陀，再次到达耽摩立底国，从耽摩立底乘船东归。第二年春到达羯荼，停留至冬天，再乘船至末罗瑜，再到室利佛逝，这时已是垂拱三年（687）。此后义净便一直停留在室利佛逝，其间只是在永昌元年（689）七月，为寻找译经的支持和助手，曾经短期回到广州一次，十一月就又回到室利佛逝。长寿三年（694），义净最后回到广州。第二年是证圣元年（695），五月仲夏，他从广州回到洛阳，皇帝武则天亲自率领百官，在洛阳城的上东门迎接。他随身带回的梵本经律论近400部，合50万颂，金刚座真容一铺，舍利300粒。

义净回国后，也是立即开始了翻译佛经的工作。他去世于玄宗先天二年（713），从归国到去世，他译出的佛教经典，一种记载说有56部，230卷；另一种记载说有107部，428卷。现存的总数比前者多一些，但与后者相差甚远。义净自己，也有两种最重要的著作，一部是《大唐西域求法高僧传》，另一部是《南海寄归内法传》。两部书都写成于他从印度回国中途停留在室利佛逝的时候。前者记载了从唐初太宗贞观十五年（641）以后至武后天授二年（691），其间四五十年间中国包括古代新罗及其他地区的57位僧人到印度、南海一带游历、求法的事迹。书后所附《重归南海传》，又记载武后永昌元年随义净重往室利佛逝译经的4位中国僧人的事迹。它是一部僧传，但是却为研究唐代初年的中印关系、中印之间的交通、中国与印度的佛教历史，以及南海方面的情况提供了重要的资料。[①]后者则是义净根据自己在印度和南海地区二十余年的所见所闻，"谨依圣教及现行要法"，对当时印度、南海、中国佛教寺院状况所做的记录。它既不同于游记类型的《法显传》，也不同于玄奘向皇帝正式呈交的地理志类型的《大唐西域记》，而颇似一份专题考察报告，为今天了解公元7世纪

---

① 参考王邦维：《大唐西域求法高僧传校注》，中华书局，1988年版；王邦维：《唐高僧义净生平及其著作论考》，重庆出版社，1996年版。

时印度佛教僧团内部宗教生活的状况提供了几乎是最多、最详细的信息。因此从 19 世纪末起，这两部书就引起了西方和日本学者的注意，先后被翻译成法语、英语、日语出版，这些外文的译本大多还包括研究的内容。直到 2004 年，在日本还出版了一种最新的《南海寄归内法传》的译本。

法显、玄奘、义净，是中国历史上成就最杰出的三位求法僧，他们为中印古代文化的交流都做出了极大的贡献。

在唐代，到印度去的，除了求法僧，也有国家派出的使节。印度的戒日王见到玄奘以后，在贞观十五年（641），派遣使臣到长安，唐太宗于是派使臣梁怀璥"持节抚慰"。贞观十七年（643），太宗又派出李义表、王玄策等送摩揭陀国使臣回国。此后贞观二十一年（647）以及唐高宗显庆二年（657），王玄策又两次带队出使印度。近年在西藏吉隆发现的摩崖碑铭《大唐天竺使出铭》，就是王玄策在第三次出使印度，途经吐蕃时所立。①

唐代从印度来中国的印度僧人，值得一提的有善无畏、金刚智、不空。唐开元年间以后，印度佛教的密宗一派，在中国一时产生了很大的影响，就与善无畏、金刚智、不空有关。在佛教密宗的历史上，他们被称为"开元三大士"。

善无畏是中印度人，曾经在那烂陀寺学习。他从印度出发，途经迦湿弥罗、乌苌国，最先到达突厥人的地域，在突厥讲律，

---

① 参考霍巍：《大唐天竺使出铭及其相关问题的研究》，《东方学报》，京都，No.66（1994），第 253 ~ 270 页；西藏自治区文管会文物普查队：《西藏吉隆县发现唐显庆三年大唐天竺使出铭》，《考古》1994 年第 7 期第 619 ~ 623 页。

14 世纪的不空画像，藏于东京国立博物馆

然后取道吐蕃，在唐开元四年（716）到达长安。他在长安受到礼遇，先住兴福寺，后住西明寺，第二年在菩提院开始译经，先后翻译出一批密宗的经典。他的弟子中，包括后来很有名的一行和尚，也都成为佛教密宗的重要僧人。

金刚智据说是南印度摩赖耶国人，也有一种说法说他原是中印度人。他 10 岁时在那烂陀寺出家，向寂静智学习《声明论》。15 岁时，他到西印度，学习法称所传的因明学，然后回到那烂陀。20 岁受具足戒。其后他到了南印度，学习密教。他从狮子国，即今天的斯里兰卡，乘坐波斯商船，到达南海中的室利佛逝国。唐开元七年（719），他从室利佛逝到达广州，第二年到洛阳，然后到达长安。他每到一处寺庙，都设立曼陀罗道场。从开元十一年至十九年（723—731），他在资圣寺也译出一些密教经典。唐玄宗时期，金刚智在朝廷内外很受尊崇，去世后被授以"国师"的称号，唐代宗并追赠他"开府仪同三司"。

不空是金刚智的弟子。一种说法说他是北印度人，也有一种说法说他是狮子国人。不空随同金刚智来到中国。金刚智去世后，他奉其遗命，率领弟子含光等 37 人，在天宝二年（743）到狮子国和印度寻求密教经典，天宝五年（746）回到中国。玄宗、肃宗、代宗三朝，不空在朝廷的影响和地位很高。唐代宗曾为他翻译的经典作序，并赐号"大广智三藏"，生前就被加封"开府仪同三司"。不空因此成为在中国宣传佛教密宗的大师。

中印之间这个时候的交往，并不仅限于文化和外交。《新唐书》卷二二一上讲：

（摩揭陀）遣使者自通于天子，献波罗树，树类白杨。太宗遣使取熬糖法，即诏扬州上诸蔗，柞沈如其剂，色味愈西域远甚。[①]

《续高僧传》卷四《玄奘传》又讲：

又敕王玄策等二十余人，随往大夏。并赠绫帛千有余段。王及僧等数各有差。并就菩提寺召石蜜匠。乃遣匠二人、僧八人，俱到中夏。寻敕往越州，就甘蔗造之，皆得成就。[②]

这里所说的糖，指的是砂糖，古代有时又称作石蜜。印度制造砂糖的技术由此传入中国。此前在中国只有饴糖，而没有人工熬制的砂糖。关于印度与中国古代在制糖技术方面的交流情况，季羡林先生做过非常细致、非常详尽的研究，并出版有专著。[③]

唐代社会全面繁荣，文学与艺术的各个方面都达到了很高的水平。在这种繁荣中间，印度文化的影响通过佛教随处可见。

传奇是唐代文学中新出现的一种体裁，一些传奇故事在形式和主题上，都能见到印度的影响。形式方面，王度的《古镜记》是一个例子。它以一面古镜为线索，把一连串不同的小故事串联在一起。这种结构形式在印度古典文学中十分常见。印度古

---

① 中华书局标点本，第20册，第6239页。
② 《大正藏》卷五〇。
③ 参考季羡林：《中外文化交流的轨迹——中华蔗糖史》，经济日报出版社，1997年版。

15 世纪的《五卷书》手稿中的一页，现存于土耳其托普卡比博物馆

代的故事集，著名的《五卷书》就是如此。三国时期翻译的佛经《六度集经》也有这样的特点。至于在主题上，则有更多的例子。

在沈亚之的《秦梦记》、李公佐的《南柯太守传》以及李朝威的《柳毅传》中都能看到印度故事的影子。在文学体裁方面，唐代出现的一类新的文学作品，称作变文。关于变文的来源，学者们做过很多讨论。学者们的意见，虽然有不同，但有一点是一致的，那就是，佛教经典和宣讲佛教教义的活动，例如讲经文和演"变"，对变文的产生有直接的影响。我们今天知道的变文的作品，都抄写在敦煌藏经洞发现的古代的写卷上，内容既有佛教的，也有不是佛教，而是世俗的，但以佛教的居多。变文中韵散相间的形式显然是对翻译的佛经的某种模仿。①

中国古代的音韵学，经过南北朝时期的发展，在隋代出现《切韵》这样的著作。唐及五代时期，一方面有学者们对语言语音的研究，另一方面有学习密教的僧人们从学习咒语的角度对梵语与汉语的语音所进行的分析，后者虽然具有一定的神秘色彩，但同样推动了音韵学的进步。汉语中至今广泛使用的"字母"一词，就是从梵语翻译而来。南北朝时期，在翻译佛经的过程中，由对印度梵语语言的研究而引申出来的"十四字贯一切音"的说法被了解和接受，大大推动了中国人对汉语语音音理的探求。刘宋时

---

① 有关变文的研究论文和著作极多，难以一一列举。这里只举一部讨论变文与看图讲故事的关系的著作作为参考。［美］梅维恒：《绘画与表演》，王邦维、荣新江、钱文忠译，燕山出版社，2000年版。

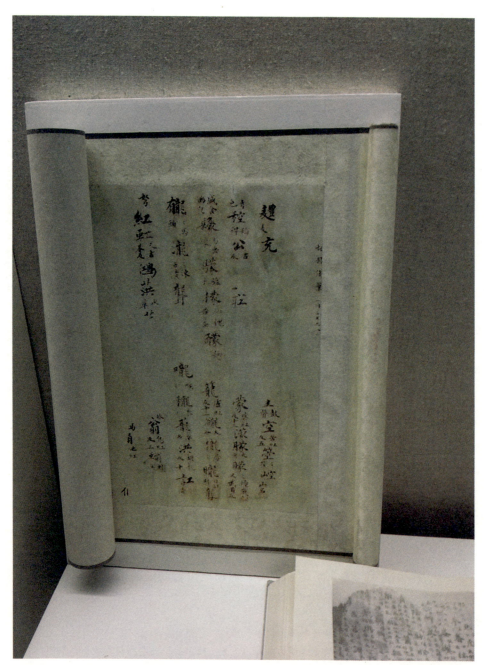

山西省晋城市中华字典博物馆里的《切韵》

代最著名的文学家谢灵运，为了解释《大般涅槃经》中《文字品》中讲到的内容，曾经向从印度求法归来的僧人慧睿咨询，最后撰写成《十四音训叙》一书。[①] 所以后来的《隋书》卷三二《经籍志》中就讲：

> 自后汉佛法行于中国，又得西域胡书，能以十四字贯一切音，文省而义广，谓之婆罗门书，与八体六文之义殊别。[②]

在这样的背景下，唐末或五代时期出现了所谓"守温三十六字母"，也就不是一件偶然的事。守温是僧人，虽然他的生平几乎不为人所知，但这 36 个字母，无论从内容或是排列的形式看，显然是受到梵文的影响才创造出来的。这 36 个字母是：

牙音	见溪群疑
舌头音	端透定泥
舌上音	知彻澄娘
重唇音	帮滂并明
轻唇音	非敷奉微
齿头音	精清从心斜
正齿音	照穿床审禅

---

① 王邦维：《谢灵运〈十四音训叙〉辑考》，《国学研究》第 3 卷，北京大学出版社，1995 年版第 275～300 页；修订稿载《北京大学百年国学文粹》语言文献卷，北京大学出版社，1998 年版第 631～646 页；又载《二十世纪文史考据文录》下，云南人民出版社，2001 年版第 1966～1980 页。
② 中华书局标点本，第 4 册，第 947 页。

喉音	影晓匣喻
半舌半齿音	来日

　　近代在敦煌石窟发现的写本，其中也有讲到"守温字母"的，只是列出的字母数目不是 36，而是 30，不包括"娘、帮、滂、非、敷、奉、微、床"八个字母，而多"不、劳"两个字母。不过基本的形式仍然一样。[①]

　　唐代的长安，可以说是当时的国际大都会。亚洲各个国家的商人和其他各类人物，都聚集在长安，有很多就定居在长安。其中有不少印度人。他们不全是佛教僧人，甚至也不一定信仰佛教，但他们定居在中国，经商或从事其他职业。在他们中间，有著名的瞿昙家族。这个家族的瞿昙悉达曾经担任太史监，在唐开元六年（718）奉诏翻译印度的历法《九执历》。瞿昙悉达大概是在中国出生的印度人，他的祖父或者是更早一代移居到中国。从他的父亲瞿昙罗开始，经瞿昙悉达、瞿昙譔、瞿昙晏，四代都供职于国家天文机构，先后担任过太史令、太史监和司天监等职。[②] 当时翻译《九执历》的目的，是想利用印度算法，与中国原有的历法系统相参照，预报日月食。瞿昙悉达翻译的《九执历》，把印度天文学的知识介绍到中国，唐开元年间，由僧人一行编制的《大衍历》，其中就有《九执历》的影响。在中国古代天文学史上，《大

---

① 参见罗常培：《敦煌写本守温韵学残卷跋》，载《罗常培语言学论文集》，中华书局，1963 年版。

② 晁华山：《唐代天文学家瞿昙譔墓的发现》，《文物》1978 年 10 期；陈久金：《瞿昙悉达和他的天文工作》，《自然科学史研究》第 4 卷第 4 期，1985 年，第 321～327 页。

衍历》是一部重要的历法。一行曾经跟随善无畏、金刚智学习密法，是唐代佛教密宗最著名的僧人之一，同时又是中国历史上一位有着重要贡献的天文学家。

唐代晚期，武宗会昌年间，佛教曾经一度被禁灭，但很快又得到恢复。不过这个时候直到五代时期，中国处于动乱之中，中印之间在佛教方面的交流就少有记载。宋朝的建立，使中国的大部分又重新统一，中印之间，这时恢复了交流，只是规模已经大不如以前。

北宋初年的几个皇帝，对佛教有较大的兴趣。这时印度的僧人法天以及天息灾、施护等先后来到中国。他们也带来了梵文的佛经。太平兴国七年（982），宋太宗命令在首都开封设立译经院，把他们安置在译经院，翻译佛经。译经院里由印度僧人主持，配备了各类助手，前后译出了一些经典。不过，由于中国和印度两方面的原因，这个时候翻译的经典，对后代中国佛教的影响有限，翻译的品质上也说不上有很突出的特点。

宋初的太祖还曾经派遣僧人赴印求法。《宋史》卷四九○《天竺传》讲：

> （乾德）四年，僧行勤一百五十七人诣阙上书，愿至西域求佛书。许之。以其所历甘、沙、伊、肃等州，焉耆、龟兹、于阗、割禄等国，又历布路沙、加湿弥罗等国，并诏喻其国令人引导之。①

---

① 中华书局标点本，第 40 册，第 14104 页。

乾德四年即 966 年。元代的一部著作《佛祖统记》卷四三的记载略同。[①]此外，在南宋范成大撰写的《吴船录》一书中，也讲到在乾德二年 300 位中国僧人赴印求法的事。书中记峨眉山牛心寺一节说：

> 此寺即继业三藏所作。业姓王氏，耀州人，隶东京天寿院。乾德二年诏沙门三百人入天竺求舍利及贝多叶书，业预遣中。至开宝九年始归。寺藏《涅（槃）经》一函，四十二卷。业于每卷后分记西域行程，虽不甚详，然地里大略可考，世所罕见。录于此，以备国史之阙。[②]

乾德二年即 964 年。皇帝两次派遣僧人赴印求法，时间仅仅相隔两年。也许确实如此，也许两件事就是一件事，只是不同的史籍在时间和细节上记载有所不同。不管怎样，在中国历史上，僧人赴印求法的活动，有这样大的规模，可以说是空前之举，不过，中国僧人赴印求法，有记载的，这也是最后的一次。北宋以后，类似的事就再也没有了。

宋靖康二年（1127），北宋被北方新起的金所灭，宋朝的统治退出北方，地域仅限于中国的南方，史称南宋。不过，南宋的领土虽然仅限半壁山河，但南方在相当长的一段时间里，社会经济依然繁荣发达。尤其是通过海路对海外的贸易，在南宋时期更

---

① 《大正藏》卷四九。
② 参考王邦维：《峨眉山继业三藏西域行程略笺释》，《南亚研究》1993年第 2 期第 36～40 页；修订稿载《峨眉山与巴蜀佛教》，宗教文化出版社，2004 年版第 179～186 页。

有了长足的发展。不仅广州，东南沿海的明州、泉州都成了与海外通商的重要口岸。外来的商人云集，商贸繁盛。外来的商贾中，也有印度人。这个时候，在印度，佛教已经衰落，印度教重新兴起，因此这些印度人中信仰印度教的居多，他们在泉州留下的印度教的遗迹至今尚存。

这一时期中国南方与海外往来贸易的情况，可以从南宋周去非的《岭外代答》以及赵汝适的《诸蕃志》两书中得到反映。周去非是浙江永嘉人，淳熙年间（1174—1190）任桂林通判。在职期间，他随笔札记所见所闻，最后写成《岭外代答》一书。他在淳熙五年（1178）为该书写的"序"中说："盖因有问岭外事者，倦于应酬，书此示之，故曰《代答》。"书中的内容无所不包，其中卷二与卷三为《外国门》，讲到从南海一直到北非、西班牙一带的地理。与印度有关的是地方是古临（Quilon，今印度奎隆）、注辇、南尼华罗国（在今印度卡提阿瓦半岛南部）。这些都是濒临大海的港口或国家。书中对这几个地方的记载为了解这个时期印度情况提供了材料。

赵汝适是宋的宗室，曾提举福建路市舶兼泉州市舶。因为有这样的职务，他了解许多海外的情形。《诸蕃志》全书两卷，撰成于在南宋理宗宝庆元年（1225）。上卷"志国"，下卷"志物"。"志国"记述了东起日本、菲律宾，南至印度尼西亚，西及北非摩洛哥五十多个国家的风土人情，其中在印度境内的有南毗国（今印度马拉巴尔海岸一带）、古临、胡茶辣（今印度古吉拉特）、甘琶逸（今印度坎贝）、弼离沙（今印度布罗奇）、麻啰华（今

钦定四库全书

诸蕃志卷上

宋 赵汝适 撰

志国

交趾国

交趾古交州東南薄海接占城西通白衣蠻北抵欽州
歷代置守不絕賦入至薄守臣甚勞皇朝重武愛人不
欲宿兵瘴癘之區故守無用之土因其獻款從而羈縻
之王係唐娃服色飲食器與中國同但男女皆跣足差

钦定四库全书

諸蕃志
卷上

異耳每歲正月四日椎牛饗其屬以七月十五日為大
節家相問遺官寮以生口獻其酋十六日開宴酬之歲
時供佛不祭先病不服藥夜不燃燈樂以蝴蛇皮為前
列被有識字不能造紙筆求之省地宋省地二土産
沉香遂萊香生金銀鐵朱砂珠貝犀象翠羽車渠鹽漆
木綿吉貝之屬歲有進貢其國不通商以此首題言自
近者始也舟行約十餘程抵占城國

占城國

马尔瓦）、冯牙啰（今芒格洛尔）、麻哩抹、都奴何、嗷啰啰哩，还有注辇国和鹏茄罗国。鹏茄罗即孟加拉，元明以后与中国的联系特别密切。[①]

金天兴三年（1234），蒙古的军队消灭北方的金国。宋咸淳七年（1271），蒙古皇帝忽必烈定都北京，定国号为元，这一年即元至元八年。几年之后，元灭南宋，中国重新统一在一个疆域空前广阔的新王朝之下。此前经过蒙古军队的西征，蒙古人的军事势力一直达到西亚甚至东南欧，使曾经一度中断的连接欧亚的丝绸之路重新恢复，发挥联络东西方通道的作用。西藏也是在元代正式地归入中国的版图。这个时候的西藏，已经完全佛教化。西藏的佛教，接受了印度晚期佛教的影响，同时保留了西藏原有宗教信仰的一些特点，形成佛教中独具特色的一个流派，一般称为藏传佛教，或者是喇嘛教。元代西藏佛教萨迦派的领袖八思巴，在政治上支持蒙古人，促使西藏归顺于元朝，他自己也因此深受元朝皇帝的信任，成为"国师"。元代的皇帝和王公，很多也都信仰喇嘛教，藏传佛教从此成为蒙古人整个民族的信仰。无论在内蒙古地区、西藏地区，还是在汉人居住的地区，佛教都成为最主要的一种宗教信仰。这个时候，在元朝皇帝的宫廷内外，有不少"番僧"。"番僧"大多是从西藏来到已经是蒙古人统治的汉族地区。藏传佛教的影响因此也到达了中国的中原和南方地区。

---

① 参见杨博文：《诸蕃志校释》，中华书局，1996 年版。印度的这些国家，在南宋时期与中国都有不同程度的往来。

八思巴，藏传佛教萨迦派五祖之一

在印度，佛教这时虽然已经接近于消亡，但偶尔也有佛教的僧人，从印度来到中国。指空即是其中之一。元危素撰《文殊师利菩萨无生戒经序》讲：

> 皇元泰定（1324—1328）初，中印土王舍城刹底里孙日指空师，见晋王于开平，论佛法称旨，命有司岁给衣粮。

据高丽李啬《西天提纳薄陀尊者浮屠铭》以及其他的一些零星的材料，还可以知道，指空又名提纳薄陀，他到中国以后，曾经游历中国的西南地区以及长江中下游地区，后来到达高丽。当时高丽的 些最重要的佛教僧人都曾经跟他学习过，他因此成为韩国佛教史上的有名人物。天历初（1328）他回到燕京，历文宗、宁宗、惠宗（顺帝）三朝，至正二十三年（1363）在高丽圆寂。[①]

元代的中国是一个典型的多民族国家。元政府的各级官员，除了掌握最重要权力的蒙古人外，也有其他民族的人员，有的还来自中国以外的国家或地区。马可·波罗是众所周知的一个例子。外国人中，也有来到中国的印度人。《元史》卷一二五有《铁哥传》：

> 铁哥，姓迦乃氏，迦叶弥儿人。迦叶弥儿者，西

[①] 参见陈高华：《元代来华印度僧人指空事迹》，《南亚研究》1979 年第 1 期；祁庆富：《指空中国行迹考》，韩国《伽山学报》第 5 号，1996 年；［韩］许兴植：《指空禅贤》，韩国，一潮阁，1997 年版。

文殊菩萨像，印度公元 9 世纪波罗王朝，现藏于檀香山艺术学院

域筑乾国也。父斡脱赤与叔父那摩俱学浮屠氏。斡脱
赤兄弟相谓曰：世道扰攘，吾国将亡，东北有天子气，
盍往归之。乃偕入见，太宗礼遇之。定宗师事那摩，
以斡脱赤佩金符，奉使省民瘼。宪宗尊那摩为国师，
授玉印，总天下释教。斡脱赤亦贵用事，领迦叶弥儿
万户。[①]

迦叶弥儿即今克什米尔地区。蒙古军队西征时，势力一度曾
达到这一地区。但斡脱赤后来被迦叶弥儿国国王所杀，元宪宗因
此发兵诛杀了国王。斡脱赤死后，儿子铁哥得到世祖的信任，成
为世祖、成宗、仁宗几朝的重臣，仁宗皇庆元年（1312）授开府
仪同三司、太傅、录军国重事。皇庆二年（1313）铁哥去世，赠
太师、开府仪同三司、上柱国，追封秦国公，加封延安王。他的
几个儿子在元代也都有重要的任职。

蒙古人建立的庞大的军事帝国地域广大，横跨欧亚，无形
中为东西交通提供了极大的方便。这一时期，贸易商人和外交
使节因此在东西方之间往来不断。北京的元朝的中央朝廷，经
常派出外交使节出使各国。在南海及印度方面，元世祖至元年间，
曾经几次派出以杨庭璧为首的使团出使各国。杨廷璧等经过南
海，先后到达了印度的俱蓝（Quilon）、马八儿（Maabar），
还到了僧伽那山（今斯里兰卡）。这些国家的国王也派出了使

---

① 中华书局标点本，第 10 册，第 3075 ~ 3078 页。

元宪宗画像

节，回报中国。

有关元代与海外包括印度的交通，还不能不提到汪大渊的《岛夷志略》一书。汪大渊的生平不详，只是从书的一篇"序言"中知道他是南昌人，在元文宗至顺元年（1330）到元统二年（1334）间以及元顺帝至元三年（1337）到至元五年（1339）间曾经两次从泉州出发，搭附商舶，浮海远游。元至正九年（1349），汪大渊根据他在海外的经历，写成《岛夷志略》一书。书中广泛地讲到当时海外的许多国家和城市，其中与印度有关的地名有特番里、班达里、曼佗郎、下里、沙里八丹、金塔、东淡貌、大八丹、土塔、第二港、华罗、须文那、小㖋、古里佛、朋加剌、天竺（此指印度）、巴南巴西、放拜、大乌爹、罗婆斯等。这些地方汪大渊似乎都到过。书中有的记载很生动，例如"沙里八丹"条中讲到当地人求售珍珠于唐人；"土塔"条讲到在当地有中国人修建的砖塔，上面刻有汉字："咸淳三年八月毕工。"咸淳是南宋度宗的年号，咸淳三年即 1267 年。汪大渊的身份似乎很平常，以这样平常的身份，如此广游海外，最后还留下这样的一部书，在历史上不多见，也实在有些了不起。①

---

① 参考苏继廎：《岛夷志略校释》，中华书局，1981 年版。

第四章

明清至近代

公元 1368 年，元朝被一场全国性的农民大起义推翻，起义军的领袖之一朱元璋战胜群雄，在南京建立了一个新的王朝，这就是明朝。明朝前后近三百年，在明代的初年，中国仍然是一个强大的国家。就中国与海外各国，包括印度之间的交往而言，明初成祖时期郑和下西洋是最为重要的事件。

郑和本姓马，云南昆阳（今属晋宁）人，回族。他小名三保，本是明成祖宫中的宦官，跟随明成祖起兵，因为才能杰出，深得明成祖的信任。明成祖永乐三年（1405）六月，郑和奉命与副手王景弘一起，率领"宝船"62 艘，水手、官兵 2.78 万余人，组成一支庞大的船队，"通使西洋"。船队从苏州刘家港（今江苏太仓东浏河镇）出发，到占城（今越南南部）、爪哇、苏门答腊、斯里兰卡，最后到达印度西岸的古里国。船队在永乐五年九月回到中国。当年或在第二年，以及永乐七年（1409）、永乐十一年（1413）、永乐十五年（1417）、永乐十九年（1421）、宣德五年（1430），郑和先后七次（也有人考证为八次）率领船队出使西洋，足迹遍及东南亚、南亚，以至西亚的麦加以及东非海

朱元璋画像

岸。[①] 在这几次航海到达的南亚地区的国家中，属于印度，方位比较清楚的，有榜葛剌、古里和柯枝（Cochin）、小葛兰等。郑和船队航行的方向，大致沿印度支那半岛南下，穿越马六甲海峡，向西到达印度的东海岸，沿海岸南下，到达斯里兰卡；再沿印度西海岸北上，再向西航行，经阿拉伯海、波斯湾，到达西亚和东非。郑和的船队规模庞大，包括军官、兵士、船工、通事（翻译）、书算手、医士、水手等，船只体形巨大，船队组织严密，航行技术精湛，不能不说是古代航海史上的壮举。

郑和出使西洋，是明代中国，也是中国历史上在海外规模最大、行程最远的航海活动。它大大加深了中国人对这些地区的了解。船队所到之处，用瓷器、丝绸、铜铁器和金银等物，交换当地的特产，带回中国，由此增进了中外，包括中印之间外交和物质文化的交流。

在郑和的船队中，还有几位后来留下了著作的人物。这就是撰写《瀛涯胜览》的马欢、撰写《星槎胜览》的费信、撰写《西洋番国志》的巩珍。他们的这三种书，材料主要得自船队航行的经历，为了解这段历史和海外各国的情况提供了很重要的信息。

对于中国海外的情形，明代人还撰写了许多著作，其中关于西洋部分的材料，很多与郑和航行有关，或者就是从郑和航海得来。例如黄省曾的《西洋朝贡典录》、张燮的《东西洋考》、罗日褧的《咸宾录》、茅瑞征的《皇明象胥录》等。收入茅元仪编辑的《武备志》卷二四〇的《自宝船厂开船后从龙江关出水自抵外国

---

① 关于郑和航海的事迹，除《明史·郑和传》以外，明代其他的著作中也多有记载。近年来国内外有很多关于郑和的研究成果，不能一一列举。

咸賓錄西夷志卷之五

明豫章羅曰聚尚之甫著

吐蕃

吐蕃凡百餘種古曰西戎又曰西羌甘先出自三苗
國近南岳今荊楚溪洞中徃徃有竊發為亂者詢之
多為苗姓大抵其遺種也舜時徙三苗於三危山三
危去蕭州數百里南接蜀漢徼外蠻夷西北接高昌
諸國俗子妻母弟納嫂故國無鰥寡種類繁熾昔成
湯伐夷武丁伐鬼方李歷伐西洛余無始呴翳徙
諸戎在文王時戎狄賓服武王時羌髳率師會於牧
野宣王時戎殺秦仲秦莊公破之幽王時申疾與戎
共攻殺王秦襄公伐之戎所從來久矣及平王遷都
洛邑避犬戎難於是戎逼諸夏自隴山以東及乎伊
洛徃徃在戎夏雜居焉故有狄貜戎邽冀戎義渠戎大
荔戎驪戎陸渾戎陰戎蠻氏戎伊洛間有楊拒泉臯
之驪戎晉獻公滅之是時伊洛戎強偪曹臯入王城
秦晉代之後二年復與襄王弟叔帶謀伐襄王齊桓
公使管仲平之嗣後秦晉楚趙盛穆公得由余而
霸西戎悼公使魏絳和諸戎蠻氏從楚陸渾伊洛陰

咸賓錄卷之五

《咸宾录》书影，明万历十九年刘一焜刻本

诸番图》，实际上就是根据郑和航海的路线所绘，这就是后来所称的《郑和航海图》。

在这些著作中，与印度有关，提到最多的是孟加拉、古里和柯枝。孟加拉位于东印度，宋代译为鹏茄罗，元代译为朋加剌，明代时译为榜葛剌。仅仅永乐一代，史籍中关于孟加拉的就有：

永乐元年（1403），榜葛剌遣使朝贡。（《明会要》）卷七九）

永乐二年（1404），榜葛剌王霭牙思丁遣使朝贡。（《明史》卷三二六）

永乐六年（1408），榜葛剌国王霭牙思丁遣使入贡，上金叶表。（《明史》卷六）

永乐七年（1409），榜葛剌使再至，携从者两百三十余人。帝方招徕绝域，颁赐甚厚，自是比年入贡。（《明史》卷三二六、《明会要》卷七九）

永乐八年（1410），榜葛剌入贡。

永乐九年（1411），榜葛剌入贡。

永乐十年（1412），榜葛剌入贡。（《明史》卷六）

费信随奉使少监杨敕（敏）等往榜葛剌等国。

榜葛剌使者至，宴之于镇江。使者告其王之丧，遣官往祭，封嗣子塞勿丁为王。（《明史》卷三二六）

永乐十二年（1414），榜葛剌嗣王遣使奉表来谢，贡麒麟及名马方物。（《明史》卷三二六）

永乐十三年（1415），成组令侯显率舟师赴榜葛剌。其王塞

佛（勿）丁遣使贡麒麟及诸方物。帝大悦，赐予有加。（《明史》卷三〇四、卷三二六）

永乐十九年（1421），榜葛剌入贡。（《明史》卷七）

永乐二十一年（1423）九月，江阴等卫都指挥佥事周鼎等993人，奉使榜葛剌等国还，皇太子令礼部赏钞有差。（《明成祖实录》卷二六三）榜葛剌入贡。（《明史》卷七）

二十年间，中国与孟加拉之间友好往来的记载竟如此频繁，这是前代所未见的。因此《明史》卷三二六"榜葛剌"一节讲：

> 医卜、阴阳、百工、技艺悉如中国，盖前世所流入也。
>
> 其王敬天朝，闻使者至，遣官具仪物，以千骑来迎。[1]

"悉如中国"这话也许说过分了点。所谓"前世所流入"，是否指此前已经有一些中国人到达孟加拉，把中国的一些东西带到了那里？具体的情况没有说清楚，不过，这样的事看来也不是不可能。

古里即喀里古特（Culicut）。《明史》卷三二六"古里"一节讲：

> 古里，西洋大国，西滨大海，南距柯枝国，北距狼奴儿国，东七百里距坎巴国。自柯枝舟行，三日可至。自锡兰山，十日可至，诸蕃会要也。[2]

---

[1] 中华书局标点本，第28册，第8447页。

[2] 同上，第8440～8441页。

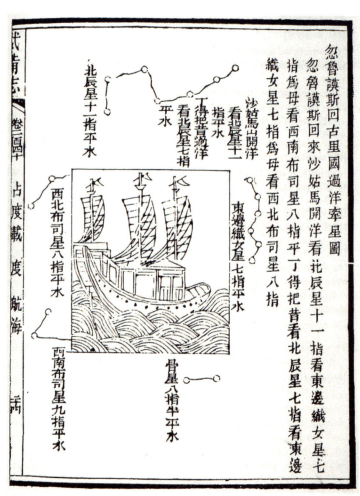

反映郑和从忽鲁谟斯国回古里国的航海图，记载于约 1628 年出版的《武备志》一书中

所谓的贡物中包括：宝石、珊瑚、珍珠、玻璃瓶、玻璃枕、宝铁刀、拂郎双刃刀、金系腰、阿思模达、涂儿气、龙香、苏合香、花毯、单伯兰布、蕊布等。这中间不仅有天然的产品，更多的是手工制品。有的还可能来自西方其他国家，例如拂郎双刃刀。这说明古里这时已经成为西洋交通贸易的一个枢纽之地。

柯枝也在印度的西海岸。公元十四五世纪，这里也成为重要的商贸口岸。柯枝一带，盛产胡椒，至今如此。《星槎胜览》前集讲：

> （柯枝）地产胡椒甚广，富家俱置板仓贮之，以售商贩。行使小金钱名吧喃。货用色段、白丝、青花白磁器、金、银之属。其酋长感慕圣恩，常贡万物。[①]

写的正是这样一种情况。

清朝是中国历史上最后的一个王朝。清代的康熙、雍正、乾隆时代，新的多民族国家政治基本稳定，疆域统一，民力恢复，社会经济重新繁荣，中国再次成为东亚最有影响的大国。不过，这个时候的印度，却已经逐步沦为英国的殖民地。中国与印度的交往的形势因而发生了极大的变化。中国与印度之间的贸易渠道，也逐渐为欧洲的殖民者所控制和垄断。清代中期以后，中国外贸最主要口岸广州的贸易活动，与外国相关的部分，基本上是由欧洲的商行和商人操纵。对外的瓷器贸易和茶叶贸易虽然还有相当大的规模，但中印之间的联系，与过去已经有很大的不同。在中

---

① 冯承钧：《星槎胜览校注》，中华书局，1954 年版第 33 页。

国方面，由于统治者的无知和思想意识的落后，阻挠了中国对外部世界真实情况的了解，更谈不上应对西方殖民者的挑战。这种情形，一直持续到1840年中英鸦片战争爆发，西方殖民者用枪炮强行打开了中国的大门，才迫使中国人开始真正认真地思考怎样应对这新的形势。在这样的背景下，这个时期中印之间的关系，与过去相比，就有了质的不同。与中国往来，印度人自己已经没有主权。中国虽然仍然不时还有到达印度的商人和旅行者，但是带回的消息都对印度不利。在英国人的统治下，印度还成为向中国出口鸦片的生产基地。1840年鸦片战争的爆发，是中国作为一个主权国家，第一次对这种毒害中国人的肮脏的贸易所进行的反抗。但中国失败了，接踵而来的是西方列强一个又一个强加的战争和不平等条约。中国因此也逐渐地沦落为西方资本主义的半殖民地。中国和印度的命运一步步相接近，促使两国的有识之士认识到，中印两国，只有相互同情，相互支援，共同反抗西方列强，才能获得各自国家的解放和独立，最终摆脱受侵略和受欺侮的命运。

在近代中国知识分子中，对印度的遭遇表示最大的理解和同情的，首先要提到章太炎。章太炎是反清的革命家、思想家，也是学者。他对佛教思想和印度哲学有比较深的研究，同时从印度近代的命运看到中国革命的必要性。章太炎写过大量文章，其中颇有一些与印度直接有关。光绪末年，他在日本从事革命和讲学时，结识了印度抗英志士钵逻罕和保什。他在《送印度钵逻罕保什二君序》中写道：

章太炎

迨宋世，佛教转微，人心亦日苟偷，为外族并兼，
勿能脱。如印度所以顾复我诸夏者，其德岂有量耶？
臭味相同，虽异族有兄弟之好。迩来二国皆失其序，
余辈虽苦心，不能成就一二。视我亲昵之国沦陷失守，
而駑力不足以相扶持，其何以报旧德！①

章太炎希望亚洲能够觉醒，鼓吹中印联合，争取国家的独立。
为此他写过《支那印度联合之法》一文，主张中国人应该了解和
学习印度文化：

居今日而欲维持汉土，亦不得不藉印度为西方屏蔽，
以遏西人南下之道。支那、印度既独立，相与为神圣同盟，
而后亚洲殆少事矣。联合之道，宜以两国文化，相互灌
输。昔内典既由中国译成，唐时复译《老子》为梵文，
以达印度。然历史事迹，地域广轮，邈焉弗能通晓。今
则当以此为先路。至于语言文字互有障碍，亦宜略有讲
习。梵土珊斯克利多文，以德意志人学之，十五年后明了。
高才捷足之士，尚以十年课功。此虽艰阻，然凡习欧洲
文字，最后至罗甸、希腊而止，其岁月亦相等。近世印
度通行文字，稍异古昔，以贤豆文为雅言，则习之犹易
于古语也。②

① 《章太炎全集》第4卷，上海人民出版社，1985年版第359页。
② 同上，第368页。章太炎关于印度的文章还有一些，例如《记印度西婆耆
王纪念会事》《印度中兴之望》《印度独立之方法》《支那印度联合之法》等，
俱收入《章太炎全集》第4卷。

章太炎因此身体力行，他在日本时就曾经向印度学者学习梵文。他的这些想法，虽然有点理想化的色彩，但颇能反映出当时一些觉悟的中国知识分子的意向。

与章太炎同时，对印度有很大兴趣，同时努力推动中印友好交流的另一位著名人物是梁启超。梁启超是光绪年间的戊戌变法最主要的发动者之一。他早年积极参与政治和社会改革活动，但 20 世纪 20 年代以后则把大部分精力放在了学术研究上。梁启超一生著作极多，其中涉及印度的也非常多。他对研究佛教的兴趣尤其浓厚，曾经撰写过不少讨论佛教的学术论文，其中一些也很有价值。①

在政治方面，梁启超同样对印度近代的遭遇有极深的同情，同时从这种遭遇中认识到中国必须变法。他在《论不变之害》一文中说："印度，大地最古之国也，守旧不变，夷为英藩矣。""一战"以后，梁启超因为对西方文化感到失望，转而重新肯定东方文化的价值。在梁启超看来，东方文化中最主要的就是印度文化和中国文化。他曾经在一次讲演中讲道："救济精神饥荒的方法，我认为，东方的——中国与印度——比较最好。东方的学问，以精神为出发点；西方的学问，以物质为出发点。"只是这种说法毕竟有些空洞。20 世纪 20 年代，中国文化界邀请印度的泰戈尔来华访问，梁启超是最积极的推动者之一。

中印两国近代相似的遭遇，使得两国知识界和民众始终相互同情，相互支援。在印度方面，近代印度民族独立运动的领袖，

---

① 梁启超：《佛学研究十八篇》，中华书局，1936 年版。

梁启超

泰戈尔

也是印度近代最伟大的人物甘地，一直关注中国的情形，多次表达过对中国人民的同情。他在见到当时访问印度的中国学者谭云山时，对谭云山讲：

> 我因为自己国家的问题太多，没有功夫专心去研究中国的事情。但我知道，中国的历史与文化，是很悠久很丰富的；中国的民族，是很伟大很和平的。这种伟大和平的民族，将来定能替世界担当和平的大责任。……中国只要内部能够和好，依着真理，用和平的方法来应付国家困难，我相信中国是可以立刻得救的。[①]

甘地希望中国得到和平和进步的感情溢于言表。在中国的抗日战争爆发后，甘地把印度的民族独立事业与中国联系在一起。1942 年 8 月 7 日，他在对中国记者的一次谈话中讲：

> 愿中国得知，吾人此次系为解放印度，亦即为保卫中国而奋斗；印度必获解放，始能予中国、苏联，甚至英美以有效协助。

在甘地和印度国大党其他领袖的支持下，印度组建援华医疗队，来到中国，直接参加中国人民伟大的抗日战争。医疗队的一位医生柯棣华甚至去世在中国。

同甘地一样，印度近代最伟大的诗人、文学家、思想家泰戈尔对中国也抱有最深厚的感情。他多次谴责西方殖民者对中国的

---

① 谭云山：《印度周游记》，南京新亚细亚学会，1933 年版。

1924 年，泰戈尔在清华大学讲学

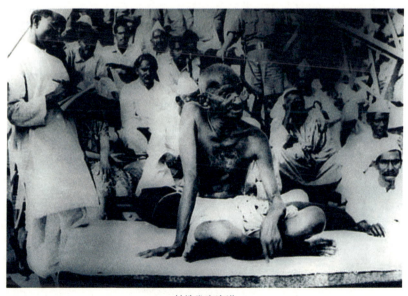

甘地发表演讲

侵害。1924 年，泰戈尔应邀访问中国，在中国发表了许多友好的言论，用诗一般的语言表达出对中国人民的友情。梁启超为他取了一个中国名字"竺震旦"。"竺"是印度，"震旦"就是中国。20 世纪 30 年代，泰戈尔在他自己在孟加拉创办的国际大学（Visva Bharati）中专门建立了中国学院（Cheena Bhavan），作为新的中印文化交流的基地。谭云山担任第一任院长。很多中国学者，包括画家徐悲鸿，都访问过中国学院，受到泰戈尔的热情接待。一些中国学生在这里学习印度文化。泰戈尔终其一生，都是中国人民最好的朋友。

1946 年，印度终于获得国家的独立。1949 年，中华人民共和国成立。新获得独立的印度是最早承认中华人民共和国的国家之一。中印两国的交往，从此开始了又一个新的阶段。

主要参考文献：

1. 季羡林：《中印文化关系史论文集》，三联书店，1982 年。

2. 季羡林：《佛教与中印文化交流》，江西教育出版社，1990 年。

3. 季羡林：《中印文化交流史》，新华出版社，1991 年。

4. 金克木：《中印人民友谊史话·梵竺庐集（乙）》，江西教育出版社，1999 年。

5. 北京大学南亚研究所编：《中国载籍中的南亚史料汇编》（全二册），上海古籍出版社，1994 年。

6. 林承节：《中印人民友好关系史（1851 ～ 1949）》，北京大学出版社，1993 年。

7. P.C. Bagchi, *India and China: A Thousand Years of Cultural Relations*, Culcutta, Saraswat Library, 1981.

8. Haraprasad Ray, *Trade and Diplomacy in India-China Relations: A Study of Bengal during the Fifteenth Century*, New Delhi, Radiant Publishers, 1993.

9. Tansen Sen, *Buddhism, Diplomacy, and Trade: The Realignment of Sino-Indian Relations*, *600 ～ 1400*, Hololulu, Association for Asian Studies and University of Hawai'i Press, 2003.